Seria de autor
―――――――――
NORMAN MANEA

© 2008, Norman Manea
Ilustrații © 2008 by Editura POLIROM

Autorul și Editura Polirom mulțumesc următorilor: Edward Hirsch, Yotam Reuveny, Ernest Wichner, Victor Ivanovici, Jiří Našinek, Balázs Imre József, Jerzy Kotliński, Dan Shafran, Letiția Ilea, Marco Cugno pentru permisiunea de a utiliza traducerile poemului *Vorbind pietrei* care le aparțin.

www.polirom.ro

Editura POLIROM
Iași, B-dul Carol I nr. 4; P.O. BOX 266, 700506
București, B-dul I.C. Brătianu nr. 6, et. 7, ap. 33, O.P. 37;
P.O. BOX 1-728, 030174

Descrierea CIP a Bibliotecii Naționale a României:

MANEA, NORMAN

Vorbind pietrei / Norman Manea; il. de Tudor Jebeleanu – Iași: Polirom, 2008

ISBN 978-973-46-0974-1

I. Jebeleanu, Tudor (il.)

821.135.1-1

Printed in ROMANIA

Norman Manea

Vorbind pietrei

cu traduceri în engleză, ebraică, germană, spaniolă, cehă, maghiară, poloneză, suedeză, franceză, italiană

Ilustrații de Tudor Jebeleanu

POLIROM
2008

De la debutul în 1966, în *Povestea vorbii* a lui Miron Radu Paraschivescu, și pînă în 1986, cînd a plecat din țară, Norman Manea a publicat 10 volume (5 romane, 3 volume de proză scurtă, 2 volume de eseuri). Scriitorul a fost distins cu Premiul Asociației Scriitorilor din București (1979) și Premiul Uniunii Scriitorilor (1984, anulat de către Consiliul Culturii și Educației Socialiste). După 1986, în străinătate fiind, întîi în Germania (1987), apoi stabilit în Statele Unite, la New York, Norman Manea a fost tradus în 20 de limbi, cărțile sale fiind elogios recenzate în principalele ziare ale țărilor respective. Volumele publicate în SUA (*October, eight o'clock, On Clowns: The Dictator and the Artist, Compulsory Happiness, The Black Envelope, The Hooligan's Return*) au figurat în selecția celor mai importante apariții editoriale din *The New York Times*. Este profesor de literatură europeană și „writer in residence" la Bard College.
Scriitorului i s-au decernat în 1992 Bursa Guggenheim și prestigiosul Premiu MacArthur („Nobelul american"). În 1993, Biblioteca Națională din New York l-a sărbătorit cu prilejul acordării distincției de „Literary Lion" al bibliotecii. În 2002, lui Norman Manea i s-a atribuit Premiul internațional de literatură Nonino pentru „Opera omnia", iar în 2006 Premiul Médicis Étranger pentru *Întoarcerea huliganului*. Tot în 2006, scriitorul a fost distins cu Meritul Cultural în grad de comandor de către președintele României, a fost ales membru al Academiei de Arte din Berlin și în juriul internațional al Premiului Nonino.
În România, i-au apărut, după 1989, 3 volume la Editura Apostrof (*Octombrie, ora opt*, povestiri, și *Despre Clovni: Dictatorul și Artistul*, eseuri, 1997, *Fericirea obligatorie*, nuvele, 1999), 2 volume de interviuri la Editura Hasefer (*Casa melcului*, 1999, și *Textul nomad*, 2006) și ediția revăzută a romanului *Plicul negru* (Fundația Culturală Română, 1996, și Editura Cartea Românească, 2003).
La Editura Polirom, de același autor au mai apărut: *Întoarcerea huliganului* (ed. I, 2003; ed. a II-a, 2006, 2008), *Plicuri și portrete* (2004), *Fericirea obligatorie* (ed. a II-a, 2005), *Despre Clovni: Dictatorul și Artistul* (2005), *Anii de ucenicie ai lui August Prostul* (ed. a II-a, 2005), *Plicul negru* (ed. a IV-a, 2007) și *Sertarele exilului. Dialog cu Leon Volovici* (2008).

Vorbind pietrei
(de la un tîrg de carte la altul)

> Pentru *Quaderni Italo-Romeni*
> Università di Torino
> Università di Craiova

În primăvara 2003 am participat, a doua oară, ca invitat de onoare, la Tîrgul de carte de la Ierusalim. Era o perioadă de maximă tensiune, cînd exploziile se succedau vertiginos, și mulți prieteni m-au sfătuit să evit călătoria. Am plecat totuși, dintr-un riscant elan al solidarizării cu orașul, cu Tîrgul care mă celebrase într-o sesiune precedentă, cu numeroasele rude și prieteni pe care îi aveam în Israel. Participarea s-a dovedit, într-adevăr, diminuată și atmosfera nu dintre cele mai optimiste. Ca și ceilalți invitați, promisesem gazdelor să scriu, la înapoierea la New York, un text despre această călătorie, sau despre Tîrg, sau despre Israel. Am amînat, ulterior, textul de cîteva ori, dintr-un soi de recul inhibant, și nu m-am apucat să-l scriu decît sub repetate somații din partea organizatorilor, care țineau să publice o broșură cu toate textele noastre. Am stat în fața dreptunghiului alb și amenințător al hîrtiei, cumva idiotizat, pînă cînd am început să scriu, cînd-cum, un soi de „adresare" cvasi-poetică umbrei Tatălui meu și umbrei lui Primo Levi, bizar reuniți, dintr-odată, într-o neașteptată articulare retorică. Nu mai scrisesem de multe decenii poezie, nu sînt deloc sigur dacă ceea ce s-a eliberat din mine, în acea însorită dimineață de duminică newyorkeză, era, cu adevărat, poezie, dar cadența, măcar, imita, probabil, o îngînare lirică și, vai, inevitabil, discursivă, care îmi urmase, în această subită transcriere, gîndurile. Mă bucur să le încredințez, acum, admirabilului meu prieten Marco Cugno, cel mai indicat să le transmită cititorului italian.

Cu afecțiune și gratitudinea autorului, firește
Norman Manea

Torino, 7 mai 2005
Hotelul Le Méridien, la Tîrgul de carte

Pentru Quaderni Italo-Romeni
          Università di Torino
          Università di Craiova

             Vorbind Pietrei

(dela un Tîrg de carte la altul)
   În primăvara 2003 am participat, a doua
oară, ca invitat de onoare, la Tîrgul de carte de
la Ierusalim. Era o perioadă de maximă tensiune,
cînd exploziile se succedau zilnic și mulți
prieteni m-au sfătuit să evit călătoria. Am
plecat, totuși, dintr-un niscaiva elan al solidarizării
cu orașul, cu Tîrgul care mă celebrase într-o
sesiune precedentă, [crossed out] cu numeroasele rude și
mulți prieteni pe care îi aveam în Israel. Participarea
sa dovedit, într-adevăr, diminuată și atmosfera
una dintre cele mai optimiste. Ca și ceilalți
invitați, promiseserăm gazdelor să scriu, la întoarcerea
la New York, un text despre această călătorie sau
despre Tîrg sau despre Israel. Am amînat,
ulterior, textul, de cîteva ori, dintr-un soi de

recul înfiorant și nu m-am aprucat să-l
scriu decât sub repetate somații din partea
organizatorilor, care țineau să publice o broșură
cu toate textele noastre. Am stat în fața
dreptunghiului alb și amenințător al hârtiei,
cumva idiotizat, până când am început să
scriu, cum-cum, un soi de "adresare"
quasi-apocrifă umbrei Tatălui meu și umbrei
lui Primo Levi, bizar reunite, dintr-o dată,
într-o neașteptată articulare retorică.
Nu mai scrisesem de multe decenii poezie,
nu sînt deloc sigur dacă ceea ce s-a/elibent în
mine, în acea însorită dimineață de duminică
new-yorkeză era, cu adevărat, poezie,
dar cadența, măcar, Truia, probabil, o
înșirare lirică și, vai, inevitabil, discursivă,
care mi-i adunase, în această subită transcriere,
gradual. Mă bucur să le încredințez, acum,
aurisiubolulul meu prieten Marco Cugno,

cel mai indicat să le predea
cititorului italian.
Cu afecțiunea și gratitudinea autorului,
firește

Manea

Torino, 7 mai 2005
hotelul le Meridien, la Tîrgul de carte

Motto:

Voi che vivete sicuri
Nelle vostre tiepide case,
voi che provate tornando a sera
il cibo caldo e visi amici:
considerate se questo è un uomo
che lavora nel fango
che non conosce pace
che lotta per mezzo pane
che muore per un sì o per un no.
Considerate se questa è una donna,
senza capelli e senza nome
senza più forza di ricordare
vuoti gli occhi e freddo il grembo
come una rana d'inverno.
Meditate che questo è stato:
vi comando queste parole.
Scolpitele nel vostro cuore
stando in casa andando per via,
coricandovi alzandovi:
ripetetele ai vostri figli.
O vi si sfaccia la casa,
la malattia vi impedisca,
i vostri nati torcano il viso da voi.

Primo Levi,
Se questo è un uomo

Vorbind pietrei

Voi care locuiți în liniștea eternității,
aici, pe dealul de piatră,
nu mai știți ce este un om.
Nu știți ce este un om
care se zbate în mîlul zilelor efemere,
superbele zile și nopți ale incertitudinii.

Din Babilon am venit, din efemerul Babilon
al Lumii Noi am venit aici,
în Cetatea Eternă.
Aici,
la mormîntul unui om care nu mai este om.

Nu-i pelerinajul pribeagului.
Călătoria la Tîrg, așa s-a numit
zborul peste ocean,
peste ceața colorată a prezentului.
Tîrg de carte
se numește misiunea.
Așa am ajuns, din nou, aici
în fața pietrei eterne
care a fost, cîndva, un om.

Un om
bogat în zile și nopți,
superbele zile și nopți ale
incertitudinii.

La Tîrgul de carte am venit.
La Ierusalim,
ca acum doi ani
și acum patru ani.

Ca acum doi ani, acum patru ani,
soarele deșertului
mă taie, din nou, în două, în patru,
   în patruzeci și patru,
aici, pe dealul vechi,
între pietrele albe,
toride,
pietre mute,
ca soarele acestei zile perfecte.
Neînduplecatul soare iudaic al ve-
   chimii
incendiază iarăși,
ca acum doi ani, acum patru ani,
cimitirul Ghivat Shaul.

La Tîrgul de carte am venit.
În cetatea care a născut Cartea
   Eternă.

Vorbind pietrei

În fața pietrei
care a fost, cîndva, om.

Acum patru ani,
bătrînul s-a lăsat desprins, brusc,
din mîlul efemerității,
din durerea care înjunghia pereții
 de acvariu ai spitalului.
Durerea sa pătimașă, disperată, ultima.
S-a despărțit de zilele și nopțile
 amneziei
senile
și a devenit piatră.

La Tîrgul de carte
am revenit acum doi ani
și am revenit acum,

în această zi toridă și mută
pe dealul vechi
în tăcerea eternității.

S-au ieftinit călătoriile
spre
Țara Sfîntă credincioșilor.
Rari sînt călătorii și pelerinii,
rari sînt și oaspeții la Tîrgul de carte
din cetatea Cărții Eterne.

Se obține ieftin eternitatea
în aceste zile.
La fiecare colț de stradă,
în fiecare autobuz al morții,
grenadele efemere sînt pregătite
să amuțească incertitudinea.

În fața pietrei cu nume de om,
în cimitirul cu pietrele perfect tăiate
   și albe,
albul fierului încins,
își face acum Primo Levi rugăciunea
în fața tatălui meu
devenit piatră.

Levi a venit, da.
A venit anul acesta, la Tîrgul de carte.

Puțini au avut curajul să înfrunte
isteria verii acesteia.
Festivitățile s-au chircit, speriate,
în Cetatea Eternă.
Dar el este aici.

Ignorînd sfaturile prietenilor,
milioane de prieteni ai cărților sale,

Primo Levi a venit în cimitirul Ghivat
   Shaul
să-și rostească, din nou, întrebările
în fața pietrei.
În fața eroului necunoscut
al urgiei de ieri.
Aici, în Cetatea Cărții Eterne,
în Ierusalimul
asediat de urgia de azi.

Nu doar pietrelor eterne le vorbește.
Primo Levi întreabă, din nou,
pe cei care trăiesc în culcușurile
efemerității
și se întorc, seara, între fețe fraternizate
de spectacolul ultimei explozii,

de frenezia care transformă corpul
    și mintea
și sufletul
în bombe năprasnice.

Întrebați-vă

dacă om este cel care devine
proiectil.

Întrebați-vă dacă om este
robotul care sfîrtecă bătrîne și
    prunci
și mesele pe care așteaptă supa
    caldă.
Întrebați-vă dacă om este cel care
    înoată din greu în mîlul
incertitudinii

luptînd pentru colțul de pîine și
   colțul de pace
al efemerității
și este spulberat, instantaneu,
fără să poată spune da sau nu.

Întrebați-vă dacă femeie este cea
ascunsă sub emblema de catran a
   dinamitei,
sub hipnoza belicoasă a asaltului.
Femeia fără păr și fără nume,
doar cu masca neagră a urii
pe fața delicată ca o semilună.

Întrebați-vă
dacă femeie este acea mamă ne-
   bună
cu ochii goi, de broască în iarnă,

smulgîndu-și, ca pe un blestem arhaic,
părul brusc albit,
femeia care nu-și mai poate aminti
numele copilului purtat în brațe
în urmă cu o clipă,
clipa din urmă,
cînd era deja o minge de sînge,
zvîrlită spre cerul surd și mut.
Cerul senin ca nemărginirea albastră
și mut ca hăul de sare
din Marea Moartă.
Gîndiți-vă la ce se întîmplă
pe străzile și în casele și în paturile
    efemerității,
în grădinile rodind rîsul îndrăgostiților,

în veghea nocturnă, cînd auzi xilo-
fonul de fildeș al pustiului.
Amintiți-vă pîlnia telefoanelor tur-
mentate
de codul iluziilor

și ascultați vuietul de șrapnel al urii
în fiecare zi și fiecare oră și fiecare
clipă
a secolelor devenite piatră.

Dăltuiți amintirea ororii în calen-
darele voastre
diurne și nocturne,
superbele zile și nopți ale incer-
titudinii,
și repetați-le fiilor voștri
și fiilor dușmanilor voștri.

Vorbind pietrei

Dacă acesta este un om

întreabă acum pribeagul
ascultînd, alături,
umbra
venită, și ea, în cetatea Cărții Eterne,
să repete vechea întrebare.

Captivul efemer
al incertitudinilor
și, lîngă el,
emisarul Eternității
ascultă, împreună,
tăcerea pietrei care fusese om.

Criptică și înșelătoare
și absolută
era liniștea în cimitirul Ghivat Shaul.
Liniștea ultimă, certitudinea ultimă.

Ascultau împreună
tăcerea pietrei care fusese, cîndva,
   om.
Orbiți, deopotrivă,
de înscenările armoniei,
în ora de pace și sînge a amurgului
complice.

*(La Tîrgul de carte de la Ierusalim,
iunie 2003 – Tamuz 5763)*

Text apărut în revista Apostrof,
nr. 2/2004, și în volumul Plicuri și
portrete, *Polirom, 2004*

Speaking to the Stone

You who dwell in the silence of
 eternity,
here, in the stony hills,
you don't know what a man is.
You no longer know how a man
 struggles
in the swamp of ephemeral days,
the superb days and nights of
 uncertainty.

I have come from Babylon,
from the ephemeral Babylon of the
 New World
to the Eternal City
here

at the grave of a man who is no
longer a man.

This is not the pilgrimage of the
wanderer.
A Journey to the Fair
was the name
of the flight over the ocean,
over the colorful mist of the present.
Book Fair
is the name of this mission.
That is how I once more landed
here, in front of the eternal stone
that once was a man.

A man
rich in days and nights,

the superb days and nights
of uncertainty.

I have come to the Book Fair,
to Jerusalem,
as I did two years ago,
and four years ago.

The same desert sun
cuts me in two, in four, in
 forty-four pieces,
here, in the ancient hills
among the white stones,
torrid and mute
as the sun
of this perfect day.
Once more the stubborn, archaic
 Jewish sun

sets the Givat Shaul cemetery
on fire
just as it did two years ago, four
    years ago.

I have come to the Fair
in a place that gave birth to the
    Eternal Book
to face the stone
that once was a man.

Four years ago
the old man was suddenly unloosed
from the ephemeral mud, the
    muddy ephemera,
from the intense, desperate last
    pain that stabbed
the walls of the aquarium-hospital.

He was separated from the days
 and nights
of senile amnesia
and became a stone.

I returned to the Book Fair
two years ago
and I come back now
on this mute and torrid day
in the old hills,
in the silence of eternity.

Trips to the Holy Land
of the faithful are cheap now.
Travelers and pilgrims are rare,
and rare, too, are the guests at the
 Book Fair
in the city of the Eternal Book.

Eternity is dirt-cheap
these days.
At every street corner,
on every deadly bus,
the ephemeral grenades are ready
to silence uncertainty.

In front of the stone with a human
    name,
in the cemetery with perfectly cut
    stones,
white as a hot iron,
Primo Levi is praying
in front of my father
who has become a stone.

Primo Levi did come, yes,
this year he came to the Book Fair.

Not many had the courage to face
the hysteria of that summer.
The festivities shrank
in the Eternal City, but he is here.

Ignoring the friendly advice
of readers, millions of them,
who had befriended his books,
Primo Levi came to the Givat Shaul
    cemetery
to raise his questions once more
in front of the stone,
in front of the Unknown Witness
of yesterday's disaster
here, in Jerusalem's current disaster.

He is not only speaking to eternal
    stones.

Speaking to the Stone

Primo Levi is once more asking something
from those who lodge in the nest
of the ephemeral
and return in the evening among friendly faces,
among neighbors joined by the spectacle of the last explosion,
by the frenzy that transforms mind and body and soul
in pitiless bombs.

Consider if this is a man
who becomes
a missile.

Consider if this is a man
who has become a robot tearing to pieces

old women and new-born babies
and the table where hot soup is
    waiting.
Consider this other man
who sludges through the mud
of uncertainty
struggling for a scrap of bread,
a scrap of piece,
and is suddenly blown up
without even a yes or a no.

Consider if this is a woman
hidden under the tar of dynamite,
under the jubilant hypnosis of as-
    sault,
a woman without hair and without
    name, only a mask of hatred
on her face, delicate as a crescent.

Consider this other woman,
demented, with her empty eyes,
like a frog in winter,
tearing out her hair, suddenly white,
like getting rid of an ancient curse,
a woman who can no longer remember
the name of the child still in her arms
a moment ago,
the last moment
when he turned into a bloody ball
thrown up to the deaf sky,
the sky serene and boundless,
and mute as the salty chasm
of the Dead Sea.
Consider what happens in ephemeral streets, in houses and beds,
in gardens where the laughter of lovers bears fruit,

in the vigilant night where you
    hear the ivory xylophone
of the desert.
Consider the drunken funnel of
    phones that have swallowed
the code of illusions

and listen to the shrapnel, the hatred
    roaring
at every minute of every hour of
    every day
of the centuries that turned into stone.

Carve the memory of horror
in your day and night calendars
and repeat it to your sons
and the sons of your enemies.

If this is a man.

Speaking to the Stone

Consider the wanderer
asking this question
and, nearby,
the shadow
who came to the Eternal City
to ask the same question.

The ephemeral captive
of uncertainty
and, next to him,
the emissary of Eternity,
are listening together
to the silence of the stone that had
 been a man.

The silence of the Givat Shaul cemetery
is cryptic and deceptive, absolute.
Ultimate silence, ultimate certainty.

The two of them are listening together
to the silence of the stone
that once was a man.
They are blinded by the staged harmony
in that peaceful, bloody hour
of the dust's complicity.

*(At the Jerusalem Book Fair,
june 2003 – Tamuz 5763)*

*Translated by the author with
Edward Hirsch*

*Text apărut în volumul editat de
Tîrgul Internaţional de Carte
de la Ierusalim*, Impressions of
Jerusalem, *iunie 2003*

נורמן מניאה/ אני מדבר אל האבן

אַתֶּם הַשּׁוֹכְנִים בְּדוּמִיַּת הַנֶּצַח,
כָּאן, עַל גִּבְעַת הָאֶבֶן,
כְּבָר אֵינְכֶם יוֹדְעִים מַהוּ אָדָם.
אֵינְכֶם יוֹדְעִים מַהוּ אָדָם
שֶׁמְפַרְפֵּר בְּב ֹץ הַיָּמִים הַחוֹלְפִים,
הַיָּמִים וְהַלֵּילוֹת הַנֶּהְדָּרִים שֶׁל אִי הַוַּדָּאוּת.

מִבָּבֶל בָּאתִי, מִבָּבֶל בַּת הַחֲלוֹף
שֶׁל הָעוֹלָם הֶחָדָשׁ בָּאתִי לְכָאן,
אֶל עִיר הַנֶּצַח.
כָּאן, אֶל הַקֶּבֶר שֶׁל אָדָם שֶׁאֵינֶנּוּ אָדָם עוֹד.

אֵין זֶה מַסָּעוֹ שֶׁל הַנּוֹדֵד.
הַמַּסָּע לַיָּרִיד,

כָּךְ נִקְרְאָה הַטִּיסָה מֵעַל הָאוֹקְיָנוֹס
מֵעַל הָעֲרָפֶל הַסַּסְגּוֹנִי שֶׁל הַהֹ ֹזֶה.
הַמְּשִׂימָה:
יְרִיד הַסְּפָרִים.
כָּךְ הִגַּעְתִּי שׁוּב, לְכָאן
מוּל הָאֶבֶן הַנִּצְחִית
שֶׁהָיְתָה, לְפָנִים, אָדָם.

אָדָם
עָשִׁיר בְּלֵילוֹת וּבְיָמִים
הַיָּמִים וְהַלֵּילוֹת הַנֶּהְדָּרִים שֶׁל
אִי הַוַּדָּאוּת.

לִירִיד הַסְּפָרִים בָּאתִי.
לִירוּשָׁלַיִם.
כְּמוֹ לִפְנֵי שְׁנָתַיִם.
כְּמוֹ לִפְנֵי אַרְבַּע שָׁנִים.

נורמן מניאה/ אני מדבר אל האבן

כְּמוֹ לִפְנֵי שְׁנָתַיִם, כְּמוֹ לִפְנֵי אַרְבַּע שָׁנִים,
שֶׁמֶשׁ הַמִּדְבָּר
חוֹתֶכֶת אוֹתִי שׁוּב לִשְׁנַיִם, לְאַרְבַּע,
לְאַרְבָּעִים וְאַרְבָּעָה,
כָּאן עַל הַגִּבְעָה הָעַתִּיקָה
בֵּין הָאֲבָנִים הַלְּבָנוֹת
הַלּוֹהֲטוֹת,
הָאֲבָנִים הָאִלְּמוֹת
כַּשֶּׁמֶשׁ שֶׁל הַיּוֹם הַמֻּשְׁלָם הַזֶּה.
הַשֶּׁמֶשׁ הַיְּהוּדִית הָעַתִּיקָה שֶׁאֵינָהּ יוֹדַעַת רֶחֶם
שׂוֹרֶפֶת שׁוּב
כְּמוֹ לִפְנֵי שְׁנָתַיִם, כְּמוֹ לִפְנֵי אַרְבַּע שָׁנִים
אֶת בֵּית הָעָלְמִין גִּבְעַת שָׁאוּל.

לִירִיד הַסְּפָרִים בָּאתִי.
בָּעִיר שֶׁבָּהּ נוֹלַד הַסֵּפֶר הַנִּצְחִי
מוּל הָאֶבֶן שֶׁהָיְתָה, לֹא מִזְּמַן, אָדָם.

לִפְנֵי אַרְבַּע שָׁנִים
הַזָּקֵן
נִתַּק, בְּבַת אַחַת, מִבַּ"ץ הַחוֹלֵף
מִן הַכְּאֵב שֶׁבִּתֵּר בְּאַבְחָה אֶת קִירוֹת
הָאַקְוַרְיוּם שֶׁל בֵּית הַחוֹלִים.
כְּאֵבוֹ הֶעָקֵשׁ, הַנּוֹאָשׁ, הַסּוֹפִי,
נִפְרַד מִן הַיָּמִים וּמִן הַלֵּילוֹת שֶׁל הַשִּׁכְחָה
הַסְּנִילִית.
וְהָיָה לְאֶבֶן.

לִירִיד הַסְּפָרִים
בָּאתִי שׁוּב לִפְנֵי שְׁנָתַיִם
וּבָאתִי שׁוּב עַכְשָׁו
בַּיּוֹם הַלּוֹהֵט וְהָאִלֵּם הַזֶּה
עַל הַגִּבְעָה הָעַתִּיקָה
בְּדוּמִיַּת הַנֶּצַח.

זוֹלִים הַמַּסָּעוֹת

אֶל הָאָרֶץ הַקְּדוֹשָׁה לְמַאֲמִינֶיהָ.
נְדִירִים הַנּוֹסְעִים וְעוֹלֵי הָרֶגֶל,
נְדִירִים הָאוֹרְחִים לִירִיד הַסְּפָרִים
בְּעִיר הַסֵּפֶר הַנִּצְחִי.

בְּזוֹל קוֹנִים אֶת הַנֶּצַח
בַּיָּמִים הָאֵלֶּה.
בְּכָל קֶרֶן רְחוֹב
בְּכָל אוֹטוֹבּוּס שֶׁל מָוֶת,
הָרְמוֹנִים בְּנֵי הַחֲלוֹף מוּכָנִים
לְהַשְׁתִּיק אֶת אִי הַוַּדָּאוּת.

מוּל הָאֶבֶן שֶׁשֵּׁם אָדָם לָהּ
בְּבֵית הַקְּבָרוֹת עִם הַמַּצֵּבוֹת הַלְּבָנוֹת
וְהַחֲצוּבוֹת לְהַפְלִיא,
הַלָּבָן שֶׁל הַבַּרְזֶל הַמְּלֻבָּן,
אוֹמֵר פְּרִימוֹ לֵוִי אֶת תְּפִלָּתוֹ
מוּל אָבִיו

שֶׁהָיָה לָאֶבֶן.

לֵוִי בָּא, כֵּן.
הוּא בָּא הַשָּׁנָה לִירִיד הַסְּפָרִים.

לְמְעַטִּים הָיָה אֹמֶץ לַעֲמֹד
מוּל הַהִיסְטֶרְיָה שֶׁל חֹדֶשׁ תַּמּוּז תַּשַׁ"ג.
הַחֲגִיגוֹת הִתְקַפְּלוּ, מְבֹהָלוֹת
בְּעִיר הַנֶּצַח.
אֲבָל הוּא בָּא.

מִתְעַלֵּם מֵעֲצוֹת הַיְּדִידִים,
מִילְיוֹנֵי הַיְּדִידִים שֶׁל סְפָרָיו,
פְּרִימוֹ לֵוִי בָּא לְבֵית הָעָלְמִין גִּבְעַת שָׁאוּל
לְהַצִּיג מֵחָדָשׁ אֶת הַשְּׁאֵלוֹת
מוּל הָאֶבֶן.
מוּל הַגִּבּוֹר הָאַלְמוֹנִי
שֶׁל זַעַם הָאֶתְמוֹל.

הוּא בָּא
לָעִיר הַסֵּפֶר הַנִּצְחִי
לִירוּשָׁלַיִם
הַכּוֹרַעַת בָּאָסוֹן שֶׁל הַיּוֹם.

לֹא רַק אֶל אַבְנֵי הַנֶּצַח הוּא מְדַבֵּר.
פְּרִימוֹ לֵוִי שׁוֹאֵל, שׁוּב
אֶת אֵלֶּה שֶׁחַיִּים בַּמְּאוּרוֹת
הַחוֹלֵף
וְחוֹזְרִים, בָּעֶרֶב, אֶל פָּנִים מוּכָּרוֹת,
הַפָּנִים הַנִּגְלָהבוֹת מוּל הַחִזָּיוֹן שֶׁל הַפָּגוּעַ
הָאַחֲרוֹן
בַּטֵּרוּף שֶׁהוֹפֵךְ אֶת הַגּוּף וְאֶת הַמֹּחַ
וְאֶת הַנֶּפֶשׁ
לְפִצָּעוֹת מְצָרֵר

אִם

אָדָם הוּא זֶה הַהוֹפֵךְ
לַטִּיל.

שַׁאֲלוּ אֶת עַצְמְכֶם אִם אָדָם הוּא
הָרוֹבּוֹט הַמְשַׁסֵּף זְקֵנוֹת וְתִינוֹקוֹת
וּמְנַפֵּץ אֶת הַשֻּׁלְחָנוֹת עֲלֵיהֶם מִחֲכֵּה הַמָּרָק
הַחַם.

שַׁאֲלוּ אֶת עַצְמְכֶם אִם אָדָם הוּא הַקָּרְבָּן
הַשּׁוֹחֶה בְּדָמֵי עָמָל בַּבַּ"ץ
שֶׁל אִי הַוַּדָּאוּת
נֶאֱבָק עַל פְּרוּסַת הַלֶּחֶם וּפִסַּת הַשָּׁלוֹם
בֶּן הַחֲלוֹף
וּמֵת מָוֶת מַחְרִיד
בְּלִי שֶׁיּוּכַל לוֹמַר כֵּן אוֹ לֹא.

שַׁאֲלוּ אֶת עַצְמְכֶם אִם אִשָּׁה הִיא זוֹ
הַמִּסְתַּתֶּרֶת מִתַּחַת לְחוֹתָם הַזַּעַם שֶׁל הַדִּינָמִיט

Norman Manea

מִתַּחַת לַהִיפְּנוֹזָה הַלּוֹחָמָנִית שֶׁל הַמִּתְקָפָה
אִשָּׁה בְּלִי שֵׂעָר, בְּלִי שֵׁם
רַק עִם הַמַּסֵּכָה הַשְּׁחוֹרָה שֶׁל הַשִּׂנְאָה
עַל הַפָּנִים הָעֲדִינוֹת כְּסַהַר.

שַׁאֲלוּ אֶת עַצְמְכֶם
אִם אִשָּׁה הִיא הַמְּשֻׁגַּעַת חֲלוּלַת־הָעֵינַיִם
כְּצְפַרְדֵּעַ בַּחוֹרֶף
הָאִשָּׁה הַתּוֹלֶשֶׁת, כִּקְלָלָה אַרְכָאִית,
אֶת שַׂעֲרָהּ שֶׁהִלְבִּין פִּתְאוֹם,
הָאִשָּׁה שֶׁכְּבָר אֵינָהּ זוֹכֶרֶת
אֶת שֵׁם הַיֶּלֶד שֶׁנָּשְׂאָה בִּזְרוֹעוֹתֶיהָ
רֶגַע קֹדֶם לָכֵן,
הָרֶגַע הָאַחֲרוֹן,
כְּשֶׁהָיָה כְּבָר כַּדּוּר שֶׁל דָּם
מֻשְׁלָךְ אֶל רָקִיעַ אִלֵּם וְחֵרֵשׁ.
הָרָקִיעַ הַבָּהִיר כְּאֵינְסוֹף הַכָּחֹל
וְאִלֵּם כִּתְהוֹם הַמֶּלַח

שֶׁל יָם הַמָּוֶת.

תַּחְשְׁבוּ עַל מַה שֶׁקּוֹרֶה
בָּרְחוֹבוֹת וּבַבָּתִּים וּבַמִּטּוֹת שֶׁל הַחוֹלֵף
בַּגַּנִּים הַבְּשֵׁלִים הַהוֹמִים בִּצְחוֹק הַנֶּאֱהָבִים
בַּצִּפִּיָּה שֶׁבָּהּ אֶפְשָׁר לִשְׁמֹעַ אֶת קְסִילוֹפוֹן
הַשֶּׁנְהָב שֶׁל הַמִּדְבָּר
אוֹ
בְּשְׁפוֹפֶרֶת הַטֶּלֶפוֹנִים הַמִּתְעַנִּים בְּצַד פֶּן
הָאַשְׁלָיוֹת

וְהַקְשִׁיבוּ לָרַחַשׁ הַשַּׂרְפְנֵל וְהַשִּׂנְאָה
בְּכָל יוֹם וּבְכָל שָׁעָה וּבְכָל שְׁנִיָּה
שֶׁל הַמֵּאוֹת אֲשֶׁר הָיוּ לָאֶבֶן.

חָצְבוּ אֶת זִכְרוֹן הָאֵימָה בְּלוּחוֹת הַשָּׁנָה שֶׁלָּכֶם
הַיּוֹמִיִּים עִם הַלֵּילִיִּים,
הַיָּמִים וְהַלֵּילוֹת הַנִּהְדָּרִים שֶׁל אִי הַוַּדָּאוּת

וְשִׁנַּנְתָּם אוֹתָם לִבְנֵיכֶם
וְלִבְנֵי אוֹיְבֵיכֶם.

אִם זֶה אָדָם

שׁוֹאֵל הַנּוֹדֵד
מַקְשִׁיב, לְיָדוֹ
הַצֵּל
שֶׁבָּא אַף הוּא
לוֹמַר, שׁוּב, בָּעִיר הַסֵּפֶר הַנִּצְחִי
אֶת הַשְּׁאֵלָה.

הַשָּׁבוּי בֶּן הַחֲלוֹף
שֶׁל אִי הַוַּדָּאִיּוֹת
וּלְיָדוֹ
שְׁלִיחַ הַנֶּצַח
מַקְשִׁיבִים, יַחַד
לְדוּמִיַּת הָאֶבֶן שֶׁהָיְתָה אָדָם.

סְתוּמָה
וּמְשֻׁלֶּמֶת וּמַשְׁלָה
הָיְתָה הַדּוּמִיָּה בְּבֵית הָעָלְמִין גִּבְעַת שָׁאוּל
הַדּוּמִיָּה הָאַחֲרוֹנָה, הַוַּדָּאוּת הַסּוֹפִית.

הֶקְשִׁיבוּ יַחַד
לִשְׁתִיקַת הָאֶבֶן שֶׁהָיְתָה, לְפָנִים, אָדָם.
מִתְעַוְּרִים יַחַד
מוּל פִּתּוּיֵי הַהַרְמוֹנְיָה
בִּשְׁעַת הַשָּׁלוֹם וְהַדָּם שֶׁל הַשְּׁקִיעָה
הַשֶּׁתָּפָה לַפֶּשַׁע.

בְּיְרִיד הַסְּפָרִים בִּירוּשָׁלַיִם, יוּנִי 2003,
תַּמּוּז תשס"ג
עברית: יותם ראובני

Rede an den Stein

Ihr, die ihr lebt in der Stille
der Ewigkeit, auf dem Steinberg,
ihr wisst nicht mehr was ein Mensch
 ist.
Wisst nicht, was der Mensch ist,
der sich plagt im Morast vergänglicher
 Tage,
großartiger Tage und Nächte
der Ungewissheit.

Ans Babylon bin ich gekommen,
aus dem vergänglichen Babylon
 der Neuen Welt
bin ich hierher gekommen
in die Ewige Festung.

Hierher,
ans Grab eines Menschen,
der kein Mensch mehr ist.

Nicht Wallfahrt des Rastlosen,
Reise zur Messe, hieß der Flug über
    den Ozean,
über den bunten Nebel der Gegen-
    wart.
Buchmesse lautet der Auftrag.
Also bin ich wieder hier angelangt,
im Angesicht des ewigen Steins,
der einmal ein Mensch war.

Ein Mensch,
reich an Tagen und Nächten,
großartigen Tagen und Nächten
der Ungewissheit.

Rede an den Stein

Zur Buchmesse bin ich gekommen.
Nach Jerusalem.
Wie vor zwei Jahren,
vor vier Jahren.

Wie vor zwei Jahren, vor vier Jahren
schneidet die Wüstensonne
mich wieder entzwei, vierteilt
   mich,
zerstückelt mich in vierundvierzig
   Teile,
hier, auf dem alten Berg,
unter den weißen, den glühenden
und wie die Sonne dieses vollkom-
   menen Tages
stummen Steinen.
Und wieder sengt
die erbarmungslose jüdische Sonne,

wie von alters her,
vor zwei Jahren, vor vier Jahren,
den Friedhof Ghivat Shaul.

Zur Buchmesse bin ich gekommen,
in die Festung, die das Ewige Buch
   geboren.
Vor den Stein,
der einmal Mensch war.

Vor vier Jahren
hat der Alte sich plötzlich
vom Morast der Vergänglichkeit
   gelöst,
vom Schmerz, der in die Aquariums-
   wände
des Spitals fuhr.
Von seinem leidenschaftlichen,

dem verzweifelten und letzten
   Schmerz.
Trennte sich von den Tagen and
   Nächten
senilen Vergessens
und wurde zum Stein.

Vor zwei Jahren bin ich zurückge-
   kehrt
zur Buchmesse,
jetzt bin ich zurückgekehrt,
an diesem glühenden und stummen
   Tag,
auf den alten Berg,
in die Stille der Ewigkeit.

Die Reisen ins Heilige Land
der Gläubigen

sind billiger geworden.
Spärlich die Reisenden, Wallfahrer,
spärlich die Gäste der Buchmesse
in der Festung
des Ewigen Buches.

Billig erhält man die Ewigkeit
in diesen Tagen.
An jeder Straßenecke, in jedem Bus
vergängliche Granaten, bereit,
die Ungewissheit zum Schweigen
   zu bringen.

Vor dem Stein mit Menschennamen,
auf dem Friedhof mit den glatt
   geschnittenen,
den weißen Steinen,
weiß wie glühendes Eisen,

spricht nun Primo Levi sein Gebet
vor meinem steingewordenen Vater.

Levi ist gekommen, ja.
In diesem Jahr ist er zur Buchmesse
 gekommen.

Wenige hatten den Mut,
sich der Hysterie dieses Sommers
 zu stellen.
Die Feierlichkeiten haben sich
 erschreckt
in die Ewige Festung verkrochen.
Er aber ist hier.

Ausgeschlagen hat er den Rat der
 Freunde,
den Rat von Millionen von Freunden

seiner Bücher.
Primo Levi ist auf den Friedhof
   Ghivat Shaul gekommen,
um noch einmal im Angesicht des
   Steins
seine Fragen zu stellen.
Angesichts des unbekannten Helden
des Wütens von gestern.
Hier in der Festung des Ewigen
   Buches,
in Jerusalem,
belagert von heutigem Wüten.

Und spricht nicht bloß zu den
   ewigen Steinen.
Primo Levi fragt aufs neue jene,
die in den Heimstätten

der Vergänglichkeit leben
und zurückkehren, abends, unter
freundliche Gesichter,
vom Schauspiel der letzten Explosion
verbrüderte Gesichter,
vom Eifer, der Leib und Verstand
und Seele verwandelt
in Bomben, die keinen verschonen.

Fragt euch, ob
jener ein Mensch sei
der Kugel wird.

Fragt, ob der Roboter,
der alte Frauen und Kinder zerreißt
und die Tische mit warmer Suppe
ein Mensch ist.
Fragt, ob jener, der mühevoll

durch den Morast der Ungewissheit
  schwimmt,
ein Mensch ist,
kämpfend um einen Kanten Brot,
einen Kanten vergänglichen Friedens,
der zerfetzt wird im Handumdrehen,
ohne ja oder nein sagen zu können.

Fragt, ob jene
unter dem grausigen Emblem des
  Dynamits
eine Frau ist, jene unter der kriege-
  rischen Hypnose,
die angreift, die kahle, die namen-
  lose Frau,
auf dem Gesicht, zart wie ein Halb-
  mond,
allein die schwarze Maske Hass.

Fragt, ob die Verrückte
mit leeren Augen, wie eine Kröte im
 Winter,
noch Mutter ist. Sie reißt sich,
wie einen archaischen Fluch,
die plötzlich weiß gewordenen
 Haare vom Kopf,
kann sich nicht mehr an den Namen
 des Kindes erinnern,
das sie eben noch auf dem Arm
 hatte,
im letzten Augenblick,
da sie schon ein Blutball war,
der hochgeschleudert wurde
zum tauben und wie die Salzleere
des Totes Meeres
stummen Himmel.
Denkt an das, was auf den Straßen,

in den Häusern und Betten der
  Vergänglichkeit geschieht,
in den Gärten, wo der Liebenden
  Lachen gedeiht,
auf nächtlicher Wacht, wo elfen-
  beinern das Xylophon
der Wüste erklingt.
Gedenkt der Telefonhörer, besoffen
vom Code der Illusionen

und hört Tag für Tag
und Stunde für Stunde und in
  jedem Augenblick
der versteinerten Jahrhunderte
auf das Sirren der Halbgeschosse.

Meißelt die Erinnerung an das Grauen
in die Kalender eurer Tage

and Nächte ein,
der großartigen Tage und Nächte
der Ungewissheit,
und wiederholt sie euren Söhnen
und den Söhnen eurer Feinde.

Ob dies ein Mensch sei,
fragt nun der Ruhlose
and lauscht, beiseite,
dem Schatten, gekommen auch er,
aufs neue in die Festung des
    Ewiges Buches,
die Frage zu stellen,
die alte Frage zu wiederholen.

Vergänglich, der Eine,
von Ungewissheit beherrscht,

und neben ihm, der Abgesandte der
 Ewigkeit,
hören sie gemeinsam
das Schweigen des Steins,
der Mensch war.

Kryptisch und trügerisch
und allumfassend
war die Stille auf dem Friedhof
 Ghivat Shaul.
Letzte Stille und letzte Gewissheit.

Gemeinsam hörten sie
das Schweigen des Steins,
der einmal Mensch war.
Gleichermaßen geblendet
von den Inszenierungen der Har-
 monie

zur Stunde des Friedens und des Blutes,
Komplizen der Dämmerung.

*(Auf der Buchmesse von Jerusalem,
Juni 2003 – Tamuz 5763)*

*Aus dem Rumänischen
von Ernest Wichner*

Text apărut în revista Akzente,
München, ianuarie 2005

Hablándole a la piedra

Vosotros, habitantes del eterno sosiego,
aquí, sobre el montículo de piedra,
no sabéis acaso qué es un hombre
quien chapotea en el fango de los días efímeros
en los soberbios días y noches de la incertidumbre.

De Babilonia llego, de la efímera Babilonia
del Nuevo Mundo acabo de llegar aquí,
a la ciudad de la Eternidad.

Aquí,
a la tumba de un hombre que ya
   no es hombre.

No es peregrinación de peregrino.
Viaje a la Feria: así ha dado en
   llamarse
mi vuelo transoceánico,
por sobre la neblina variopinta del
   presente.
Feria del Libro:
así ha dado en llamarse la misión
y así es como, heme, llego otra vez
   aquí,
delante de la piedra eterna
que fuera, antaño, un hombre.

Un hombre
rico de días y de noches,

de los soberbios días y noches de
la incertidumbre.

A la Feria del Libro llego,
a Jerusalén,
igual que hace dos,
que hace cuatro años.

Como hace dos, como hace cuatro
    años,
el sol del desierto
me hiende otra vez en dos, en
    cuatro y en cuarenta y cuatro,
aquí, en la vieja colina,
entre las piedras blancas,
las tórridas,
las mudas
como el sol de este día perfecto.

El implacable, añejo sol judaico
incendia otra vez,
como hace dos, como hace cuatro
    años
el cementerio de Ghivat Shaul.

A la Feria del Libro llego.
A la ciudad que vio nacer el Libro
    Eterno.
Ante la piedra
que fuera, antaño, un hombre.

Hace cuatro años,
el viejo se dejó arrancar, sin más ni
    más,
del fango de lo efímero,
del dolor que acuchillaba las
    paredes de acuario del hospital

y su desesperado, patético, postrer
  dolor
se dejó separar de los días y noches
  de senil
amnesia,
convirtiéndose de pronto en piedra.

A la feria del libro
volví hace dos años
y también vuelvo ahora,
en este día tórrido y mudo,
aquí, en la vieja colina,
en el silencio de la eternidad.

Se abarataron mucho los viajes
a
los Santos Lugares de los creyentes,
pero escasean viajeros, peregrinos,

igual que visitantes de la Feria del
 Libro
en la ciudad del Libro Eterno.

La eternidad está a buen precio
en estos días.
La puedes adquirir en cada esquina,
en cada autobús de la muerte:
las granadas efímeras están pre-
 paradas
para acallar la incertidumbre.

Delante de la piedra que lleva
 nombre de hombre,
en este cementerio de piedras per-
 fectamente talladas y blancas
– blancura de hierro candente –
recita ahora su oración Primo Levi

ante mi padre
hecho piedra.

Levi sí que ha llegado.
Ha llegado este año a la Feria del Libro.

Pocos se han atrevido a enfrentarse
con la histeria de este verano.
Se han encogido los festejos, asustados,
en la Ciudad de la Eternidad.
Mas él está aquí.

Ignorando los avisos amistosos
de los millones de amigos de sus libros,
Primo Levi acudió al cementerio de Ghivat Shaul

a pronunciar de nuevo sus pre-
    guntas
ante la piedra,
ante el héroe desconocido
de la catástrofe de ayer,
aquí, en la ciudad del Libro Eterno,
en la Jerusalén
sitiada por la catástrofe de hoy.

No sólo a las eternas piedras habla :
Primo Levi indaga nuevamente
a los que viven en los nidos
de lo efímero
y vuelven, al anochecer, entre sem-
    blantes amistosos,
fraternos por el espectáculo de la
    última explosión,

por el frenesí que convierten el cuerpo, la mente
y el alma
en bombas repentinas.

Preguntaos

si hombre es aquel que se vuelve metralla.

Preguntaos si hombre
es el autómata que despedaza viejas
   y criaturas
y mesas en que aguarda la sopa caliente.
Preguntaos si es hombre el que chapotea trabajosamente en el fango

de la incertidumbre
luchando por su mendrugo de pan,
   su mendrugo de paz
de lo efímero
y se ve pulverizado instantáneamente
sin posibilidad de un sí o un no.

Preguntaos si mujer es aquella
oculta tras la cifra de brea de la
   dinamita
bajo la hipnosis bélica del asalto,
la mujer sin cabello y sin nombre
sólo con la máscara negra del odio
puesta en su cara delicada como
   una semiluna.

Preguntaos
si es mujer la madre enloquecida

de mirada vacía cual rana en invierno,
arrancándose, como una maldición arcaica,
el pelo bruscamente encanecido,
la mujer que ya no recuerda
el nombre del niño que hace un momento,
el momento postrero,
llevaba en sus brazos
y ya era una bala ensangrentada,
disparada hacia el cielo sordo y mudo.
El cielo despejado como el sinfín azul
y mudo como la sima salada
del Mar Muerto.
Pensad en lo que acaece

en las calles, las casas, las camas
de lo efímero,
en los jardines fértiles de risas de
amantes,
en la vigilia nocturna cuando,
xilófono ebúrneo, susurra el
desierto.
Acordaos de embudos telefónicos
ebrios
del código de las ilusiones

y escuchad el odio silbando metralla
desde cualquier instante, hora y día
de los siglos convertidos en piedra.

Esculpid del horror el recuerdo en
vuestros calendarios

diurnos y nocturnos,
los soberbios días y noches de la
   incertidumbre,
y repetidlo para vuestros hijos,
para los hijos de vuestros enemigos.

Si esto es un hombre

pregunta ahora el peregrino
escuchando, a su lado,
la sombra
que llegó, también ella, a la ciudad
   del Libro Eterno,
a repetir la vieja pregunta.

El cautivo efímero
de las incertidumbres

y, a su lado,
el recadero de la Eternidad
escuchan, juntos,
el callar de la piedra que había sido un hombre.

Arcano y engañoso
y absoluto
era el silencio en el cementerio de Ghivat Shaul.
El silencio postrero, la postrer certidumbre.

Escuchaban juntos
el callar de la piedra que antaño había sido un hombre.
Cegados, uno y otro,

por la teatralidad de la armonía,
en la hora de paz y de sangre
del cómplice ocaso.

*(Feria del Libro de Jerusalén;
junio 2003 – Tamuz 5763)*

*Traducción del rumano:
Victor Ivanovici*

Mluvím s kamenem

Vy, kteří bydlíte v tichu věčnosti,
zde, na kamenném pahorku,
už nevíte, co je člověk.
Nevíte, co je člověk,
který se zmítá v bahně pomíjivých
    dnů,
nádherných dnů a nocí nejistoty.

Z Babylónu jsem přišel, z pomíjivého
    Babylónu
Nového světa jsem přišel sem,
do Věčného města.
Sem,
na hrob člověka, který už není
    člověkem.

Není to putování běžencovo.
Cesta na veletrh, tak se jmenoval
ten let přes oceán,
přes barevnou mlhu současnosti.
Knižní veletrh
se jmenuje ta mise.
Takto jsem opět dospěl sem,
k věčnému kameni,
jenž kdysi býval člověkem.

Člověkem,
bohatým na dny a noci,
nádherné dny a noci,
plné nejistoty.

Na knižní veletrh jsem přijel.
Do Jeruzaléma
jako před dvěma roky,
jako před čtyřmi roky.

Mluvím s kamenem

Jako před dvěma roky, před čtyřmi
  roky
mě pouštní slunce
znovu roztíná na dva, na čtyři, na
  čtyřicet čtyři kusy,
zde, na starém pahorku
mezi bílými, vyprahlými
kameny,
kameny němými
jak slunce tohoto dokonalého dne.
Neúprosné judejské slunce starověku
poznovu zapaluje,
tak jako před dvěma roky, před
  čtyřmi roky
hřbitov Ghivat Šaul.

Na knižní veletrh jsem přijel
Do města, jež dalo zrod Věčné knize.

Ke kameni,
jenž kdysi býval člověkem.

Před čtyřmi roky
se stařec náhle nechal vytáhnout
z bláta pomíjivosti,
z bolesti, jež probodávala akvarijní
   zdi špitálu.
Jeho náruživá, zoufalá, poslední bolest.
Odloučil se od dní a nocí
senilní amnézie
a stal se kamenem.

Na knižní veletrh
jsem se vrátil před dvěma roky
a vracím se i dnes,
tohoto horkého a němého dne

na starý pahorek
do ticha věčnosti.

Cesty
do Svaté země věřících
zlevnily.
Vzácní jsou cestující i poutníci,
vzácní jsou i hosté veletrhu
ve městě Věčné knihy.

Lacino koupíte
v tyto dny věčnost.
Na každém rohu ulice,
v každém autobusu smrti
jsou pomíjivé granáty,
připravené umlčet nejistotu.

Norman Manea

U kamene se jménem člověka,
na hřbitově s dokonale otesanými
 kameny,
bílými jako rozžhavené železo,
se teď modlí Primo Levi
u mého otce,
který se stal kamenem.

Levi přijel, ano.
Letos přijel na knižní veletrh.

Málokdo měl odvahu čelit
hysterii tohoto léta.
Oslavy se ustrašeně krčily
ve Věčném městě.
Avšak on je tu.

Nedbaje rad přátel,
milionů přátel svých knih,

Primo Levi přišel na hřbitov Ghivat
   Šaul,
aby poznovu vznesl u kamene
otázku.
U neznámého hrdiny
včerejšího dopuštění.
Zde, v městě Věčné knihy,
v Jeruzalémě,
obléhaném dopuštěním dnešním.

Nejen k věčným kamenům
   promlouvá.
Primo Levi se znovu ptá
těch, kteří žijí v doupatech
pomíjivosti
a večer se vracejí mezi přátelské
   tváře,
sbratřené podívanou na poslední
   výbuch,

na třeštění, jež proměňuje tělo i rozum
i duši
v nenadálé bomby.

Zeptejte se,

zda je člověkem ten, kdo se stává
projektilem.

Zeptejte se, zda je člověkem
robot, který roztrhá stařeny,
    nemluvňata
i stoly, na kterých čeká teplá polévka.
Zeptejte se, zda je člověkem ten,
    kdo se pachtí blátem
nejistoty,
bojuje o skývu chleba a skývu
    pomíjivého

míru
a je okamžitě rozmetán,
aniž může říci ano či ne.

Zeptejte se, zda je ženou ta,
jež se skrývá pod dehtovým
    symbolem dynamitu,
pod bojovnou hypnózou útoku,
žena bez vlasů a beze jména,
toliko s černou maskou nenávisti
na tváři jemné jako půlměsíc.

Zeptejte se,
zda je ženou ona šílená matka
s pohledem prázdným jak pohled
    žáby v zimě,
která si jako dávné prokletí rve
rázem zbělené vlasy,

žena, jež už se nedokáže
 rozpomenout
na jméno dítěte ještě před chvílí
neseného v náručí,
ve chvíli poslední,
kdy už bylo krvavým míčem
vrženým k hluchému a němému nebi.
K nebi jasnému jak nekonečný
 blankyt
a němému jako solná propast
Mrtvého moře.
Pomyslete na to, co se děje
v ulicích i v domech, na ložích
 pomíjivosti,
v zahradách, kde se rodí milenecký
 smích,
při nočním bdění, kdy šustí
 slonovinový xylofon pouště.

Norman Manea

Připomeňte si hlásnou troubu
 telefonů
opilých kódem iluzí

a poslechněte si, jak šrapnel
 nenávisti sviští
každou chvíli, každou hodinu a
 každý den
staletí proměněných v kámen.

Tesejte připomínku hrůzy do svých
denních i nočních kalendářů,
nádherných dnů a nocí nejistoty,
a opakujte je svým synům
a synům svých nepřátel.

Je snad toto člověk?

zeptá se nyní zbloudilý,
naslouchající opodál,
stín,
který též zavítal do města Věčné
 knihy,
aby si zopakoval starou otázku.

Pomíjivý zajatec
nejistot
a vedle něho
posel Věčnosti,
společně naslouchají
mlčení kamene, který býval
 člověkem.

Záhadné, šalebné,
naprosté

ticho panovalo na hřbitově Ghivat
   Šaul.
Ticho konečné, konečná jistota.

Společně naslouchali
mlčení kamene, jenž kdysi býval
   člověkem.
Jednostejně oslněni
maškarádou harmonie
v hodině klidu a krve
spolu vinného soumraku.

(Na Jeruzalémském knižním veletrhu,
   červen 2003 – Tamuz 5763)

Z rumunštiny přeložil Jiří Našinek

A kőhöz beszélek

Ti, akik itt laktok az örökkévalóság
 csöndjében,
itt, a köves dombon,
nem tudjátok már, mi az, hogy ember.
Nem tudjátok, milyen, ahogy
a mulandó napok iszapjában vergődik,
a bizonytalanság nagyszerű napjait
 és éjszakáit éli.

Babilonból jöttem,
az Újvilág mulandó Babilonjából,
az Örök Városba.
Ide,
egy olyan ember sírjához, aki már
 nem ember.

Ez nem zarándokút.
Röpülés a Vásárba, így hívták
az utat, át az óceánon,
át a jelen színpompás ködén.
Könyvvásár
a küldetés neve.
Így állhatok újra itt,
az örök kõ elõtt, amely
valaha ember volt.

Nappalai s éjszakái voltak,
övé volt a bizonytalanság
összes nagyszerű nappala és
éjszakája.

A Könyvvásárra jöttem.
Jeruzsálembe.

A kőhöz beszélek

Ahogy két évvel ezelőtt is,
ahogy négy évvel ezelőtt is.

Ahogy két évvel ezelőtt, ahogy négy
    évvel ezelőtt,
a sivatagi napfény
újra kettőbe vág, négybe,
    negyvennégybe,
itt, a régi dombon,
a fehér kövek között,
forró kövek között,
néma kövek között,
néma nap alatt, egy tökéletes
    délutánon.
Az ősök kegyetlen júdeai napja
újra felgyújtja,
ahogy két évvel ezelőtt,

ahogy négy évvel ezelőtt,
a Givat Saul temetőt.

A Könyvvásárra jöttem.
A városba, ahol megszületett az
Örök Könyv.
A kőhöz, amely
egykor ember volt.

Négy évvel ezelőtt
az öreg elhagyta hirtelen
a mulandóság iszapját,
a fájdalmat, amely átdöfte
a kórház akváriumfalát is.
Az utolsó, szenvedélyes,
reményelen fájdalmat.
Otthagyta az öregkori amnézia
napjait és éjszakáit,
s kővé változott.

Norman Manea

A Könyvvásárra visszatértem
két évvel ezelőtt
és most is visszatértem,
ebbe a forró, néma délutánba
a régi dombra,
az örökkévalóság csöndjébe.

Olcsóbb lett az utazás
a hívők Szentföldjére.
Egyre kevesebb az utazó és zarándok,
egyre kevesebb a Könyvvásár
   vendége
az Örök Könyv városában.

Olcsó az örökkévalóság
mostanában.
Minden utcasarkon,
a halál minden autóbuszában

készen állanak a mulandó gránátok,
hogy elnémítsák a bizonytalanságot.

Egy ember nevét viseli a kő,
a temetőben, ahol hibátlanul
 metszett
s fehér minden kő, akár az izzó vas
 fehérje.
Itt imádkozik most Primo Levi,
apám előtt,
aki kővé változott.

Levi eljött, igen.
Jött a Könyvvásárra.

Kevesen voltak, akik
túlléptek a nyári hisztérián.
Összehúzták magukat az ünnepek,
 félősen

az Örök Városban.
De ő eljött.

A barátok tanácsaival nem törődött,
könyveinek több millió barátjával sem,
és eljött Primo Levi a Givat Saul
   temetőbe,
hogy újra feltegye kérdéseit
a kő előtt.
A tegnapi csapás
ismeretlen hőse előtt.
Ide, az Örök Könyv Városába,
a mai csapás által sújtott
Jeruzsálembe.

Nem csak az örök kövekhez szól.
Primo Levi újra megkérdezi
azokat, akik a mulandóság
fekvőhelyein alusznak,

és esténként testvéri arcok közé
   térnek meg,
ez a legutolsó robbantás műsorának
   testvérisége,
és a testben, agyban, lélekben
kegyetlen bombák dúlnak szét
   mindent.

Gondoljatok arra

ember-e, aki
robbanószerré válik.

Gondoljatok arra
ember-e a robot, aki
öregasszonyokat, csecsemőket roncsol
   szét,
és asztalokat, melyeken épp gőzölög
   a leves.

Norman Manea

Gondoljatok arra, ember-e, aki a
 bizonytalanság
iszapjában próbál úszni,
és a bizonytalanság kenyérdarabját
 és békedarabját
vadássza, mikor hirtelen
megsemmisül, s nem mondhat már
 sem igent, sem nemet.

Gondoljatok arra, nő-e az, aki
a dinamit jelvénye alá rejtőzik,
a támadás harci hipnózisába.
Egy nő hajtalanul, névtelenül,
a gyűlölet fekete maszkjában,
és finom arccal, mint egy félhold.

Gondoljatok arra,
nő-e az az őrült anya,
aki üres tekintettel markolja

és tépdesi saját, hirtelen megőszült
 haját,
mintha ősi átoktól próbálna
 szabadulni,
a nő, aki már nem emlékszik,
hogy hívták a gyermekét, aki egy
 perce
ott volt még a karjában.
Egy perce, mikor
véres labdává változott,
amelyet a néma, süket égbe dobott
 valaki.
Kék az ég és határtalan,
és néma, mint a Holt-tenger
só-sötétje.
Gondoljatok arra, mi történik
a mulandóság utcáin és házaiban,
 ágyaiban,

a kertekben, ahol a szerelmesek
   nevetése terem,
az éjszakai őrségben, mikor a
   pusztaság
elefántcsont hangszerei szólnak.
Emlékezzetek a telefonkagylókra,
   melyek
megmámorosodtak az illúziók
   kódjától,

és hallgassátok, hogy süvít a
   gyűlöletsrapnel
minden nap és minden óra minden
   pillanatában,
kővé vált évszázadokban.

Véssétek a rémület emlékét
   naptáraitokba
éjjel és nappal,

A kőhöz beszélek

a bizonytalanság nagyszerű napjain
　és éjszakáin,
s ismételgessétek fiaitoknak,
és ellenségeitek fiainak.

Vajon ember ez?

kérdezi a zarándok, miközben
hallgatja az árnyat maga mellett,
aki szintén az Örök Könyv Városába
　érkezett,
hogy feltegye a régi kérdést.

A bizonytalanságok
mulandó foglya,
s mellette
az Örökkévalóság hírnöke
együtt hallgatják
a kő csöndjét, ki valaha ember volt.

Homályos és megtévesztő
és teljes
volt a csönd a Givat Saul
   temetőben.
A végső csönd, a végső bizonyosság.

Együtt hallgatták
a kő némaságát, aki egykor ember
   volt.
És elvakította őket
a harmónia színjátéka,
és a cinkos naplemente
békés, véres órája.

*(A Jeruzsálemi Könyvvásáron, 2003
    június – Tamúz 5763)*

Balázs Imre József fordítása

Do kamienia

Wy, mieszkający w ciszy wieczności,
tutaj, na wzgórzu kamiennym,
nie wiecie już, co to człowiek.
Nie wiecie, czym jest człowiek,
kiedy się miota w mule dni
 niepewnych,
wspaniałych dni i nocy doczesności.

Z Babilonu przybyłem, z Babilonu –
 efemerydy
Nowego Świata.
Przybyłem tutaj,
do Wiecznego Miasta,
na grób człowieka, który człowiekiem
 już nie jest.

Norman Manea

To nie jest pielgrzymka tułacza.
Podróż na Targi, tak się nazywa
ten przelot nad oceanem
w kolorowej mgle teraźniejszości.
Targi Książki,
tak się nazywa ta misja.
W ten sposób znowu znalazłem się tutaj,
przed wiecznym kamieniem,
który był kiedyś człowiekiem.

Człowiekiem
bogato obdarzonym w dnie i noce,
wspaniałe dnie i noce
doczesności.

Przybyłem na Targi Książki
do Jerozolimy,

Do kamienia

tak jak przed dwoma
i przed czterema laty.

Tak jak przed dwoma i przed
   czterema laty
słońce pustyni
rozcina mnie na dwie, na cztery,
   na czterdzieści cztery części,
tutaj, na wzgórzu prastarym,
gdzie białe kamienie
są rozpalone i nieme jak słońce
tego wspaniałego dnia.
Nieustępliwe, prastare judejskie
   słońce
znowu podpala
cmentarz Ghivat Shaul,
tak jak przed dwoma i przed
   czterema laty.

Norman Manea

Przybyłem na Targi Książki.
Do miasta, które zrodziło Wieczną
  Księgę.
Stanąłem przed kamieniem,
który był kiedyś człowiekiem.

Cztery lata temu
stary człowiek uwolnił się nagle
od mułu niepewnej doczesności,
od bólu, który przeszywał
szklane ściany szpitala-akwarium.
Od tego straszliwego, ostatniego bólu.
Uwolnił się od dni i nocy amnezji
  starczej
i stał się kamieniem.

Na Targi Książki
przybyłem po raz drugi przed dwoma
  laty

i powróciłem tu znowu teraz,
na ten oniemiały od upału dzień,
aby wsłuchać się w ciszę
   wieczności
na wzgórzu prastarym.

Potaniały podróże
do Ziemi Świętej wierzących.
Niewielu jest jednak turystów i
   pielgrzymów,
niewielu jest również gości na Targach
   Książki
w tym mieście Wiecznej Księgi.

Wieczność osiąga się za bezcen
obecnie.
Na każdym rogu ulicy,
w każdym samochodzie-pułapce

Do kamienia

czyhają ukryte granaty
gotowe położyć z nagła kres
doczesności niepewnej.

Przy kamieniu z imienia człowieka,
na cmentarzu, wśród wzorowo
  oszlifowanych płyt,
białych bielą rozpalonego żelaza,
Primo Levi odmawia teraz modlitwę
za mojego ojca,
który stał się kamieniem.

Tak, Levi przyjechał.
Przyjechał tego lata na Targi Książki.

Tylko nieliczni mieli odwagę
stawić czoła dzisiejszej histerii.

Norman Manea

Tegoroczne obchody w Wiecznym
  Mieście
zmarniały podszyte lękiem.
On jednak jest tutaj obecny.

Nie bacząc na rady przyjaciół,
milionów przyjaciół swoich książek,
Primo Levi przybył na cmentarz
  Ghivat Shaul,
aby znów zwrócić się do kamienia,
nieznanego żołnierza i świadka
wczorajszej zagłady.
Tutaj, w tym mieście Wiecznej Księgi,
w Jerozolimie
zagrożonej zagładą dzisiejszą.

On mówi nie tylko do wiecznych
  kamieni.

Do kamienia

Primo Levi zadaje na nowo pytania
ludziom zadomowionym w
   teraźniejszości niepewnej,
powracającym wieczorami do swoich,
też oswojonych z widokiem
ostatniej eksplozji,
szaleństwa, które przekształca
ciała, umysły
i dusze
w bomby okrutne.

Rozważcie,

czy jest człowiekiem ten,
kto staje się pociskiem.

Rozważcie, czy jest człowiekiem
robot rozszarpujący na strzępy

stare kobiety i niemowlęta,
i stoły czekające z ciepłym jadłem.
Pomyślcie o człowieku,
który z trudem płynie
w mule doczesności niepewnej,
walcząc o kromkę chleba i skrawek
    spokoju,
o człowieku ginącym nagle
w błysku śmiercionośnej eksplozji
bez najmniejszego prawa
do obrony.

Rozważcie, czy jest kobietą
postać z ładunkiem smolistego
    dynamitu,
owładnięta hipnozą walki.
Kobieca postać

Do kamienia

bezwłosa i bezimienna,
w czarnej masce nienawiści
na delikatnej jak półksiężyc twarzy.

Rozważcie
czy jest kobietą
ta obłąkana matka,
o pustych oczach jak u żaby zimą,
wyrywająca włosy nagle posiwiałe
gestem pradawnego przekleństwa,
która już nie pamięta
imienia dziecka trzymanego w
    ramionach
przed chwilą,
zanim stało się krwawą piłką
rzuconą w głuche i milczące niebo.
W niebo bezkresne i nieme

jak słona otchłań Morza Martwego.
Pomyślcie o tym,
co dzieje się na ulicach, w domach
    oraz w łóżkach
teraźniejszości niepewnej,
w ogrodach, gdzie dojrzewa miłość
    zakochanych.
Czuwając nocą słyszysz ich
    śmiech,
niczym głos ksylofonu z kości
    słoniowej
w ciszy pustynnej.
Przypomnijcie sobie bełkotliwe
    muszle telefonów
pijane od kodu iluzji

i posłuchajcie, jak wyje szrapnel
    nienawiści

każdego dnia, każdej godziny i chwili,
w każdym skamieniałym stuleciu.

Wykujcie rylcem pamięć o horrorze
w kamiennych kalendarzach dni i nocy,
wspaniałych dni i nocy teraźniejszości niepewnej
i przekażcie je waszym synom
a także synom waszych przyjaciół.

Co to jest człowiek – pyta teraz tułacz
i słucha głosu cienia
modlącego się obok,
który przybył do miasta Wiecznej Księgi,
aby także o to zapytać.

Efemeryczny jeniec
czasu teraźniejszego
a obok – wysłannik Wieczności
wsłuchują się razem w milczenie
 kamienia,
który był kiedyś człowiekiem.

Grobowa i złudna
a jednak absolutna
jest cisza na cmentarzu Givat Shaul.
Cisza to ostateczna, ostateczna
 pewność.

Wsłuchali się obaj
w milczenie kamienia,
który był kiedyś człowiekiem.

Oślepiła ich krwawa czerwień zachodu
harmonijnie z godziną udawanego spokoju
złączona.

*(Na Targach Ksiazki w Jerozolimie,
czerwiec 2003 – Tamuz 5763)*

*Tlumaczenie z jezyka rumuńskiego –
Jerzy Kotliński*

Att tala till stenen

Ni som bor i evighetens tystnad
här bland steniga kullar
vet inte längre vad en människa är.
Ni vet inte hur en människa kämpar
i träsket av förgängliga dagar,
i osäkerhetens storslagna dagar och
 nätter.

Jag har kommit från Babylon,
från Nya världens förgängliga Babylon,
hit
till den Eviga staden,
till graven tillhörig en människa
som inte längre är en människa.

Detta är inte en vandrares
  pilgrimsfärd.
En Resa till Mässan
kallades
färden över havet,
över närvarandets brokiga töcken.
Bokmässa
kallas detta uppdrag.
Därför har jag landat här ännu en
  gång,
framför den eviga stenen,
som en gång var en människa.

En människa
rik på dagar och nätter,
osäkerhetens
storslagna dagar och nätter.

Att tala till stenen

Jag har kommit till Bokmässan,
till Jerusalem,
som jag gjorde för två år sedan,
och fyra år sedan.

Samma ökensol
skär mig i två, i fyra, i fyrtiofyra
    stycken,
här på de uråldriga kullarna
bland vita stenar,
brännande och stumma
liksom solen
denna fulländade dag.
Återigen sätter den envisa, arkaiska
    judiska solen
kyrkogården i Givat Shaul
i brand
precis som för två och fyra år sedan.

Jag har kommit till Bokmässan,
till den stad där den Eviga Boken
   föddes,
för att stå inför den sten.
som en gång var en människa.

För fyra år sedan
löstes den gamle mannen plötsligt
från förgänglighetens lera,
från den intensiva, förtvivlade sista
   smärta
som genomborrade
väggarna på akvariet-sjukhuset.
Han skars loss från dagar och nätter
av senil minnesförlust
och blev till en sten.

Jag återvände till Bokmässan
för två år sedan,

nu kommer jag tillbaka
denna brännande, stumma dag
bland gamla kullar,
i evighetens tystnad.

Resor till Det Heliga landet
för troende
är billiga nu.
Resenärer och pilgrimer är sällsynta
liksom gästerna på Bokmässan
i den Eviga Bokens stad.

Evigheten är billig
nuförtiden.
I varje gathörn,
på varje dödsbringande buss
är de förgängliga granaterna redo
att tysta osäkerheten.

Framför stenen med en människas
   namn,
på kyrkogården med perfekt huggna
   stenar,
vita som glödgat järn,
ber Primo Levi
framför min far
som blivit till en sten.

Jo, Primo Levi kom verkligen,
i år kom han till Bokmässan.

Inte många hade mod nog att möta
hysterin denna sommar.
Festligheterna blev färre
i den Eviga staden,
men han är här.

Ignorerande vännernas råd,
miljontals vänner till hans böcker,
kom Primo Levi
till kyrkogården i Givat Shaul
och ställde än en gång sina frågor
framför stenen,
framfor Den Okände Soldaten
från gårdagens katastrof
här, i Jerusalems nuvarande katastrof.

Primo Levi talar inte bara till eviga
 stenar.
Än en gång ställer han frågor
till dem som vistas i det förgängligas
bo
och som om kvällen återvänder
bland broderliga ansikten,

bland grannar som förenas
vid anblicken av den senaste
  explosionen,
av det vanvett som förvandlar sinnet
och kroppen och själen
till hänsynslösa bomber.

Tänk efter

om detta är en människa
som blir till
en missil.

Tänk efter om detta är en människa
som blivit en robot
och sliter gamla kvinnor och nyfödda
  spädbarn i stycken

och bordet där den varma soppan
väntar.
Tänk efter om detta är en man
som kravlar genom osäkerhetens
lera,
som kämpar för en smula bröd
och en smula fred
och plötsligt flyger i luften
utan ens ett ja eller nej.

Tänk efter om detta är en kvinna
som döljer sig under dynamitens
tjära,
under angreppets krigiska hypnos,
en kvinna utan hår och utan namn,
bara en mask av hat
över ansiktet, finskuret som en halv-
måne.

Att tala till stenen

Se på en annan kvinna,
förryckt, med sina tomma ögon
liknar hon en vintergroda,
hon river bort sitt hår, som plötsligt
 vitnat
som för att bli fri från en uråldrig
 förbannelse,
en kvinna som inte längre minns
namnet på barnet som
för ett ögonblick sedan
låg i hennes famn,
det sista ögonblicket,
när barnet förvandlades till en blodig
 boll
och kastades upp mot den döva
 skyn,
fridfull och utan gränser
och stum som Döda havets
salta grav.

Tänk på det som händer
på förgängliga gator, på sängar och
　i hus,
i trädgårdar där de älskandes skratt
　bär frukt,
i den vaksamma natten där man
　hör öknens
xylofon av elfenben.
Kom ihåg de druckna telefonernas
　tratt
som slukat illusionernas kod

och lyssna till granatkarteschen, det
　dånande hatet
varje minut, varje timme, varje
　dag
av de sekel som övergått till
　sten.

Att tala till stenen

Rista in minnet av fasa
i era kalendrar över dag och
　natt,
osäkerhetens storslagna dagar och
　nätter,
och upprepa det för era söner
och era fienders söner.

Om detta är en människa.

Se på vandraren
som ställer den frågan
och, i närheten,
skuggan
som kom till den Eviga staden
och ställde samma fråga.

Osäkerhetens
förgängliga fånge
och, närmast honom,
Evighetens utsände
lyssnar tillsammans
på tystnaden från stenen
som varit en människa.

Kryptisk och bedräglig
och absolut
var tystnaden på kyrkogården i Givat
   Shaul.
Den slutliga tystnaden, den slutliga
   säkerheten.

De två lyssnar tillsammans
till tystnaden från stenen
som en gång var en människa.

De bländas av den iscensatta
   harmonin
denna fridfulla, blodiga stund
av skymningens delaktighet.

*(På Bokmässan i Jerusalem, juni
   2003 – Tamuz 5763)*

Tolkning: Dan Shafran

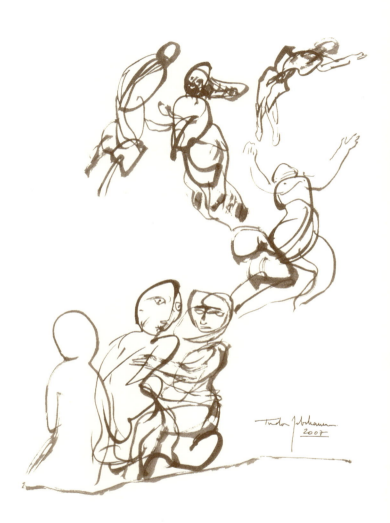

Parler à la pierre

Vous qui habitez dans le silence de
   l'éternité,
ici, sur la colline de pierre,
vous ne savez plus ce qu'est un
   homme.
Vous ne savez pas ce qu'est un
   homme,
qui se débat dans la vase des journées
   éphémères,
les superbes jours et nuits de l'incertitude.

C'est de Babylone que nous sommes
   venus,
de l'éphémère Babylone

du Nouveau Monde nous sommes venus ici,
dans la Cité Éternelle.
Ici,
à la tombe d'un homme qui n'est plus un homme.

Ce n'est pas le pèlerinage de l'exilé.
Le voyage à la Foire, c'est comme ça
que l'on a nommé,
le vol au-dessus de l'océan,
au-dessus du brouillard coloré du présent.
La Foire du livre, voilà
le nom de la mission.
C'est comme ça que nous sommes arrivés, de nouveau, ici
devant la pierre éternelle
qui fut jadis un homme.

Un homme
riche de jours et de nuits,
les superbes jours et nuits
de l'incertitude.

C'est à la Foire du Livre que nous
    sommes venus.
À Jérusalem,
comme il y deux ans,
comme il y a quatre ans.

Comme il y a deux ans, il y a quatre
    ans,
le soleil du désert
me fend de nouveau en deux, en
    quatre, en quarante-quatre,
ici, sur la vieille colline
parmi les pierres blanches,

torrides,
pierres muettes,
comme le soleil cette journée par-
faite.
L'impitoyable soleil judaïque de
l'ancienneté
incendie de nouveau,
comme il y a deux ans, il y a quatre
ans,
le cimétière Ghivat Shaul.

C'est à la Foire du Livre que nous
sommes venus.
Dans la cité qui a engendré le Livre
Éternel.
Devant la pierre
qui fut jadis un homme.

Il y a quatre ans,
le vieil homme s'est brusquement
   laissé détacher
de la vase de l'éphémère,
de la douleur qui poignardait les
   murs d'aquarium de l'hôpital.
Sa douleur passionnée, désespérée,
   la dernière.
Il s'est séparé des jours et des nuits
   de l'amnésie
sénile,
et il est devenu pierre.

À la Foire du Livre
je suis revenu il y a deux ans
et maintenant aussi,
pendant ce jour torride et muet

sur la vieille colline
dans le silence de l'éternité.

Les voyages vers la Terre Sainte
  des croyants
sont devenus bon marché.
Les voyageurs et les pèlerins sont
  rares,
rares aussi les invités à la Foire du
  Livre
de la cité du Livre Éternel.

On obtient l'éternité à bas prix
ces jours-ci.
À chaque coin de rue,
dans chaque autobus de la mort,
les grenades éphémères sont pré-
  parées

à rendre muette l'incertitude.

Devant la pierre au nom d'homme,
dans le cimetière aux pierres blanches
    parfaitement taillées,
le blanc du fer incandescent,
Primo Levi fait maintenant sa prière
devant mon père
devenu pierre.

Il est venu, Levi, oui.
Il est venu, cette année, à la Foire
    du Livre.

Il y en a peu à avoir eu le courage
    d'affronter
l'hystérie de cet été.

Les festivités se sont rabougries,
  effrayées,
dans la Cité Éternelle.
Mais lui, il est ici.

Ignorant les conseils des amis,
des millions d'amis de ses livres,
Primo Levi est venu au cimetière
  Ghivat Shaul
pour prononcer de nouveau ses
  questions
devant la pierre.
Devant le héros inconnu
du fléau d'hier,
ici, dans la Cité Éternelle,
dans le Jérusalem
assiégé par le fléau d'aujourd'hui.

Ce n'est pas seulement aux pierres
 éternelles qu'il parle.
Primo Levi pose de nouvelles questions
à ceux qui vivent dans les gîtes
de l'éphémère
et qui reviennent, le soir, parmi
 des visages fraternisés
par le spectacle de la dernière explosion,
par la frénésie qui transforme le
 corps et l'esprit
et l'âme
en bombes impétueuses.

Demandez-vous

si c'est un homme
celui qui devient projectile.

Demandez-vous si c'est un homme
le robot qui déchiquette de vieilles
   femmes et de petits enfants
et les tables où la soupe chaude
   attend.
Demandez-vous si c'est un homme
celui qui nage difficilement dans la
   vase de l'incertitude
luttant pour son bout de pain et
   pour le bout de paix
de l'éphémère
et qui est anéanti instantanément
sans pouvoir dire oui ou non.

Demandez-vous si c'est une femme
celle qui est cachée sous l'emblème
   de goudron de la dynamite,
sous l'hypnose belliqueuse de l'assaut.

La femme sans cheveux et sans nom,
portant seulement le masque noir
de la haine
sur son visage délicat comme un
croissant.

Demandez-vous
si c'est une femme la mère folle
aux yeux vides de grenouille en
hiver,
qui s'arrache, comme une malédiction
archaïque,
les cheveux brusquement blanchis,
la femme qui ne peut plus se souvenir
du nom de l'enfant qu'elle portait
dans ses bras
il y a un instant,

le dernier instant,
quand il était déjà une balle de sang,
jetée vers le ciel sourd et muet.
Le ciel clair comme l'immensité bleue
et muet comme le gouffre de sel
de la Mer Morte.
Réfléchissez à ce qui arrive
dans les rues et dans les maisons
  et dans les lits de l'éphémère,
dans les jardins dont le fruit est le
  rire des amoureux,
pendant la veille nocturne,
quand on entend le xylophone d'ivoire
  du désert.
Rappelez-vous le pavillon des téléphones tourmentés
par le code des illusions

et écoutez le mugissement de shrap-
   nell de la haine
de chaque jour et de chaque heure
   et de chaque instant
des siècles devenus pierre.

Gravez le souvenir de l'horreur dans
   vos calendriers
diurnes et nocturnes,
les superbes jours et nuits de l'in-
   certitude,
et répétez-le à vos fils
et aux fils de vos ennemis.

Si c'est un homme

demande maintenant l'exilé
tout en écoutant, près de lui,
l'ombre,

venue, elle aussi, dans la cité du
 Livre Éternel,
pour répéter l'ancienne question.

L'éphémère captif
des incertitudes
et, près de lui,
l'émissaire de l'Éternité
écoutent, ensemble,
le silence de la pierre qui avait été
 un homme.

Cryptique et trompeur
et absolu
était le silence dans le cimetière
 Ghivat Shaul.
Le silence dernier, la certitude dernière.

Ils écoutaient ensemble
le silence de la pierre qui avait été,
   jadis, un homme.
Aveuglés tous les deux,
par les mises en scène de l'har-
   monie,
à l'heure de paix et de sang du
   coucher
complice.

*(À la Foire du Livre de Jérusalem,
juin 2003 – Tamuz 5763)*

Traduit par Letiția Ilea

Parlando alla pietra

Voi che abitate nella quiete dell'eternità,
qui, sulla collina di pietra,
non sapete più cos'è un uomo.
Non sapete cos'è un uomo
che si dibatte nel fango dei giorni effimeri,
giorni superbi e superbe notti dell'incertezza.

Sono venuto da Babilonia, dall'effimera Babilonia
del Nuovo Mondo sono venuto qui,
nella Città Eterna.
Qui,

alla tomba di un uomo che non è
più uomo.

Non è il pellegrinaggio dell'errante.
Viaggio alla Fiera, così si è chiamato
il volo sull'oceano,
sulla nebbia colorata del presente.
Fiera del libro
si chiama la missione.
Così sono arrivato, di nuovo, qui
davanti alla pietra eterna
che, una volta, è stata un uomo.

Un uomo
ricco di giorni e notti,
giorni superbi e superbe notti
dell'incertezza.

Sono venuto alla Fiera del libro.
A Gerusalemme,
come due anni fa
e quattro anni fa.

Come due anni fa, quattro anni fa,
il sole del deserto
mi taglia, di nuovo, in due, in quattro,
   in quarantaquattro,
qui, sull'antica collina,
tra le pietre bianche,
torride,
pietre mute,
come il sole di questo giorno perfetto.
L'impietoso sole giudaico dell'antichità
incendia nuovamente,
come due anni fa, quattro anni fa,
il cimitero Ghivat Shaul.

Sono venuto alla Fiera del libro.
Nella città che ha generato il Libro
 Eterno.
Davanti alla pietra
che, una volta, è stata uomo.

Quattro anni fa,
il vecchio si lasciò staccare, di colpo,
dal fango della caducità,
dal dolore che sgozzava le pareti
 di acquario dell'ospedale.
Il suo dolore appassionato, dispe-
 rato, l'ultimo.
Si separò dai giorni e dalle notti
 dell'amnesia
senile,
e divenne pietra.

Alla Fiera del libro
ritornai due anni fa
e sono ritornato ora,
in questo giorno torrido e muto
sull'antica collina
nel silenzio dell'eternità.

È diminuito il costo dei viaggi
verso
la Terra Santa per i credenti.
Sono rari i viaggiatori e i pellegrini,
sono rari anche gli ospiti alla Fiera
   del libro
nella città del Libro Eterno.

L'eternità si ottiene a basso costo
in questi giorni.
A ogni angolo di strada,

Parlando alla pietra

in ogni autobus della morte,
le granate effimere sono pronte
a rendere muta l'incertezza.

Davanti alla pietra che ha nome d'uomo,
nel cimitero di pietre squadrate e bianche,
il bianco del ferro incandescente,
Primo Levi ora dice la sua preghiera
davanti a mio padre
divenuto pietra.

Sì, Levi è venuto.
È venuto, quest'anno, alla Fiera del libro.

Pochi hanno avuto il coraggio di affrontare

l'isteria di questa estate.
Le festività si sono rattrappite, di
 paura,
nella Città Eterna.
Ma lui è qui.

Ignorando i consigli degli amici,
i milioni di amici dei suoi libri,
Primo Levi è venuto nel cimitero
 Ghivat Shaul
a recitare, di nuovo, le sue domande
davanti alla pietra.
Davanti all'eroe sconosciuto
dell'odio di ieri.
Qui, nella Città del Libro Eterno,
a Gerusalemme
assediata dall'odio di oggi.

Non parla solo alle pietre eterne.
Primo Levi pone, di nuovo, la domanda
a coloro che vivono nei giacigli
della caducità,
e tornano, la sera, tra visi resi fraterni
dallo spettacolo dell'ultima esplosione
dalla frenesia che trasforma il corpo
    e la mente
e l'anima
in bombe raccapriccianti.

Considerate

se è un uomo colui che diventa
proiettile.

Considerate se è un uomo
il robot che dilania vecchie e bam-
　bini
e le tavole su cui attendono il cibo
　caldo.
Considerate se è un uomo colui
　che nuota a fatica nel fango
dell'incertezza
lottando per il tozzo di pane e il
　tozzo di pace
della caducità
e viene annientato, di schianto,
senza poter dire sì o no.

Considerate se è una donna colei
che si nasconde sotto l'emblema
　rabbioso della dinamite,
sotto l'ipnosi bellicosa dell'assalto.

Donna senza capelli e senza nome,
solo con la maschera nera dell'odio
sul viso delicato come una mezza-
 luna.

Considerate
se è una donna quella madre fuor
 di senno
con gli occhi vuoti, da rana d'inverno,
che si strappa, come per maledizione
 arcaica,
i capelli di colpo imbianchiti,
la donna che non ha più la forza di
 ricordare
il nome del bambino che teneva in
 braccio
un attimo prima,
l'attimo estremo,

quando già era una palla di sangue,
scagliata verso il cielo sordo e muto.
Il cielo sereno come l'infinità azzurra
e muto come l'abisso di sale
del Mar Morto.
Meditate su quel che accade
per le strade e nelle case e nei letti della caducità,
nei giardini dove fruttifica il riso degli innamorati,
nella veglia notturna, quando si sente lo xilofono d'avorio del deserto.
Ricordate il ricevitore dei telefoni inebriati
dal codice delle illusioni

e ascoltate il sibilo di shrapnel dell'odio
ogni giorno, ogni ora, ogni attimo
dei secoli divenuti pietra.

Scolpite il ricordo dell'orrore nei vostri calendari
diurni e notturni,
giorni superbi e superbe notti dell'incertezza,
e ripeteteli ai vostri figli
e ai figli dei vostri nemici.

Se questo è un uomo

chiede ora l'errante
ascoltando, accanto a sé,
l'ombra

venuta, anch'essa, nella città del
   Libro Eterno,
a ripetere la vecchia domanda.

Il prigioniero effimero
delle incertezze
e, accanto a lui,
l'emissario dell'Eternità,
ascoltano, insieme,
il silenzio della pietra che fu uomo.

Criptica e ingannevole
e assoluta
era la quiete nel cimitero Ghivat
   Shaul.
La quiete ultima, l'ultima certezza.

Ascoltavano insieme
il silenzio della pietra che fu, un
    tempo, uomo.
Accecati, allo stesso modo,
dalle scenografie dell'armonia,
nell'ora di pace e sangue del crepu-
    scolo
complice.

*(Fiera del libro di Gerusalemme,
    giugno 2003 – Tamuz 5763)*

Traduzione di Marco Cugno

Text apărut în Quaderni di Studi
Italiani e Romeni, *nr. 2/2006*

Cuprins

Vorbind pietrei (de la un tîrg de carte la altul) 5

Vorbind pietrei 13

Speaking to the Stone
   (traducere în limba engleză de Edward Hirsch
   și Norman Manea) 27

נורמן מניאה/ אני מדבר אל האבן
   (traducere în limba ebraică
   de Yotam Reuveny) 41

Rede an den Stein
   (traducere în limba germană
   de Ernest Wichner) 55

Hablándole a la piedra
   (traducere în limba spaniolă
   de Victor Ivanovici) 71

Mluvím s kamenem
   (traducere în limba cehă de Jiří Našinek) 87

A kőhöz beszélek
   (traducere în limba maghiară
   de Balázs Imre József) 101

Do kamienia
   (traducere în limba poloneză
   de Jerzy Kotliński) 115

Att tala till stenen
    (traducere în limba suedeză de Dan Shafran) .. 131

Parler à la pierre
    (traducere în limba franceză de Letiția Ilea) 147

Parlando alla pietra
    (traducere în limba italiană de Marco Cugno) 163

Colofon

Această carte a fost trasă într-un tiraj de 1.200 de exemplare, pe hîrtie Century Splendorgel Avorio, 100 g/mp, cusută.

Coperta a fost realizată de Radu Răileanu și finisată prin plastifiere mată și lăcuire selectivă UV.

Pentru textul de bază s-au folosit caracterele Gatineau (corp 11) și Frank Ruehl (corp 12) drepte, *cursive* – de rînd, iar pentru titluri caracterele Swiss 721 (corp 14), de rînd.

Cartea a fost multiplicată la tipografia Lidana Suceava prin procedeul de reproducere offset, pe o mașină de tipar Heidelberg 3652.

În seria de autor „Norman Manea"
au apărut:

Întoarcerea huliganului
Sertarele exilului. Dialog cu Leon Volovici
*Înaintea despărțirii. Convorbire cu Saul Bellow –
un proiect Words & Images*
Vorbind pietrei

în pregătire:

Atrium

www.polirom.ro

Coperta : Radu Răileanu
Tehnoredactor : Daniel Scurtu

Bun de tipar : martie 2008. Apărut : 2008
Editura Polirom, B-dul Carol I nr. 4 • P.O. Box 266
700506, Iași, Tel. & Fax (0232) 21.41.00 ; (0232) 21.41.11 ;
(0232) 21.74.40 (difuzare) ; E-mail : office@polirom.ro
București, B-dul I.C. Brătianu nr. 6, et. 7, ap. 33,
O.P. 37 • P.O. Box 1-728, 030174
Tel. : (021) 313.89.78 ; E-mail : office.bucuresti@polirom.ro

Tiparul executat la Tipografia LIDANA, Suceava
Tel. 0230/517.518, 206147 ; Fax: 0230/206.268

Contravaloarea timbrului literar se depune în contul Uniunii
Scriitorilor din România
Nr. RO44RNCB5101000001710001 BCR UNIREA